COMO SE FOSSE

Poemas e Poesias

Fábio Augusto de Carvalho

COMO SE FOSSE

Poemas e Poesias

1ª edição revisada
2015

Copyright © 2015 by Fábio Augusto de Carvalho

Todos os direitos reservados.

Nenhuma parte deste livro, sem autorização prévia por escrito do autor, poderá ser reproduzida ou transmitida sejam quais forem os meios empregados: eletrônicos, mecânicos, fotográficos, gravação ou quaisquer outros.

Dados Internacionais de Catalogação na Publicação (CIP)

C331
    Carvalho, Fábio Augusto de, 1980-
    Como se fosse / Fábio Augusto de
    Carvalho. – 1ª Edição, 2015.
    174 p.

    ISBN-10: 0692427414
    ISBN-13: 978-0692427415
    ISBN (e-book): 978-85-921011-3-8

    1. Poesia brasileira. 2. Poemas. 3. Versos. 4. Literatura.

CDD: B869.1
CDU: 821.134.3(81)-1

Índice para catálogo sistemático:

1.   Poesia : Literatura brasileira   869.1

DEDICAÇÃO

Para meus avós,
meus pais,
meu irmão,
e minha esposa.

Com gratidão, carinho e afeto.

CONTEÚDO

AGRADECIMENTOS	i
APRESENTAÇÃO	iii
PASSAGEM	3
MEDO DE AMAR	4
POEMA	5
ESTRELA	6
SILÊNCIO	7
AMIZADE	8
CARINHO	9
CONSEQUÊNCIA	10
REALIDADE	11
MOVIMENTO	12
AMAR	13
FALSIDADE	14
PASSAGEIRO	15
POESIA A UM AMIGO	16
ONDE ANDARÁS	17
POESIA	18
AMIGO	19
CRIANÇA APAGADA	20
ABC DE UM ESTUDANTE	21
ABC DA NATUREZA	22
TEMPO A TEMPO	23
MONTANHA NO DESERTO	24
TEMPO DOIS	25
SE ALGUM DIA	26
PAUSA DO TEMPO	27
PEDIDO	28
O JAGODE	29
DECÁLOGO DE UM SENTIMENTO	30
POEMA INÚTIL	31
SERENIDADE DE UM PEDIDO	32
UMA PROCURA	33
AINDA TE QUERO	34
SENTINELA	35

SENTIDO DIVINO	36
MUSA	37
PALAVRAS DE UM ATO	39
TRISTEZA	40
PENTÁGONO	41
SENTIMENTO	42
BONITA EXPRESSÃO	43
DISTÂNCIA	44
PEQUENO ANJO	45
PEQUENO BRINQUEDO	46
DEPOIS DE UM MÊS	47
OUTRO ENCONTRO	48
REALIDADE DOS VERBOS	49
DECEPÇÃO	53
MESTRE	54
CARTA A UMA DEUSA	55
SAUDADE	56
ESPERA	57
GOTAS DE UM VERSO	58
PRIMORIDADE	59
FIM	60
DE VOLTA	61
AMOR PURO	62
VOCÊ	63
FELICIDADE	64
POESIA DISTANTE	65
TEATRO DE UMA VIDA	66
ESCREVO POR ACASO	67
ANGÚSTIA	68
MOMENTO DE INSPIRAÇÃO	69
CARTA	70
INSPIRAÇÃO	71
TEMPORAL	72
DIA LINDO	73
PAZ	74
ABC DO ENTE	75
AMOR	76
SAUDADE MALTRATA	77

MOMENTO	78
SORRISO	79
SENTIDO FELIZ	80
SEU PAPEL	81
ESCURIDÃO	82
ILÓGICA	83
SINTONIA	84
SABER SER FELIZ	85
ETFG JATAIENSE	86
100º ANIVERSÁRIO	87
TANTO SOFRIMENTO	88
DESEJOS DO INCONSCIENTE	89
PRISIONEIRO	90
INUTILIDADE	91
POESIA À ETFG	92
A ÚLTIMA CARTADA	93
SORRISO MARCANTE	94
INTERESSE	95
PORQUÊ EM POESIA	96
BAGUNÇA SENTIMENTAL	97
BEIJA-FLOR	98
FUNÇÃO	99
PALAVRAS BONITAS	100
COMO SE FOSSE	101
CRENÇA	102
INSTANTE	103
PORQUE AMOR	104
PRIMEIRA POESIA	105
UM INSTANTE DE DOR	106
LINHA DO MEDO	107
SENTIMENTO A LUA	108
CONSIDERAÇÃO	109
SÃO TREZE HORAS	110
VESPERAS DE NATAL	111
DESAFIO	112
NUM GESTO	113
INVASÃO E SOLIDÃO	117
INQUIETO	118

SERTÃO	119
PALAVRAS	120
INDECISÃO	121
SONHOS	122
SOLIDÃO	123
APAIXONADO E ENCANTADO	124
SORRISO GOSTOSO	125
PROPOSTA REGIONAL	126
PALAVRAS TOLAS	127
INTERROGAÇÕES	128
FLOR AZUL	131
SONHANDO COM VOCÊ	132
AQUELA FLOR	133
NOSSA HISTÓRIA	134
MAIS UM ANIVERSÁRIO	135
NUM DIA LINDO	136
TANTA SAUDADE	137
DECLARAÇÃO	138
FELIZ ANIVERSÁRIO	139
SENTIR	140
MEXE COMIGO	141
VONTADE DE GRITAR	142
SEMPRE APAIXONADO	143
CORAÇÃO APAIXONADO	144
NOSSOS OLHOS	145
UMA SENSAÇÃO	146
UNA POESIA	149
NUMA PALAVRA	150
LEMBRANÇAS	151
SABOR A MEL	152
SANTIAGO	153
PELA TRILHA	154
"VIDA MILITAR"	157
"CAMINHONEIRO"	158
SOBRE O AUTOR	159

AGRADECIMENTOS

Meus sinceros agradecimentos estendem-se aos meus pais, Maria Vanda e Valtuir, pelo amor incondicional e por terem me colocado no caminho do saber. A minha esposa, Lucinéia, por ser minha amada e companheira na caminhada desta vida e por seu apoio constante aos meus sonhos e projetos. Ao meu irmão, Carlos Eduardo, por ser tão especial para mim. Aos meus avós, Iracema (*in memoriam*) e Quirubino (*in memoriam*), Maria Francisca (*in memoriam*) e Rosendo (*in memoriam*), por serem o alicerce das minhas origens e por terem me mostrado como ver o mundo com olhos de poeta. Minha gratidão também a todos os meus professores, familiares e amigos que me acompanharam nessa jornada poética.

APRESENTAÇÃO

A maior parte deste livro foi escrita entre os meus doze e quinze anos de idade, ainda na minha infância enquanto eu vivia junto aos meus pais. Sempre foi minha vontade compartilhar estes poemas e poesias, porém os anos foram passando e somente agora surge a oportunidade de publicá-los.

Desde os primeiros versos escritos até a preparação deste livro, outros pensamentos surgiram e eu decidi acrescenta-los. Assim, faço uma distinção entre o que escrevi quando ainda vivia nas cidades de Caçu e Jataí, onde passei minha infância e adolescência e alguns textos de quando já adulto, escritos nas cidades de Uberlândia, São Paulo, e de Santiago do Chile – lugar onde residi por vários anos. Também faço, no final do livro, uma homenagem ao meu pai, *Valtuir*, trazendo duas de suas poesias inéditas.

Uma curiosidade que gostaria de compartilhar é quanto ao nome deste livro. Surgiu durante uma conversa no pátio da escola quando comentei com colegas que eu tinha vários poemas e poesias para publicar, e então me perguntaram qual nome eu daria para o livro, e a ideia surgiu na forma de verso:

Como se fosse,
se fosse como eu queria
como se fosse seria!

Assim nasceu – "Como se fosse" – um livro que traz os pensamentos registrados na minha adolescência em forma de versos, poemas e poesias. Esses versos são a tradução de um momento em minha vida onde os sentimentos e ideias não tinham necessariamente que conviver em harmonia e coerência, isso porque eu talvez não soubesse que isso algum dia fosse preciso.

Fábio Augusto de Carvalho
Maio, 2015.

Caçu, Goiás
1993

PASSAGEM

De tantos campos que passo
vejo sempre uma só paisagem
aquela que morre,
que chora;
Vejo sempre o silêncio cantando
lembrando de uma vida não vivida
de um destino inserto,
do amor que pode haver no céu;
Pois lá, o pai da vida espera por você
com o amor eterno e pacífico.

MEDO DE AMAR

Esse sentimento
procurando algo sem querer
sai das entranhas do luar
e o frio sem parar
aperta-me até que eu chore.

Procuro o amor que me completa
o amor que alguém carrega
esse amor lindo como a vida.

Estas palavras veem do coração
só agora se vê emoção
não quero chocar
quero apenas tentar.

A festa da paixão
declara a eterna aparição
amizade e alegria
faz nascer um sentimento
navalha da paixão.

Ao ver-te, sinto medo
medo de dizer o que sinto;
Um sentimento sem ser correspondido
pelo medo de falar,
talvez daqui meses ou até anos direi.

Gostaria que tirasse de mim
esse medo maldito, que acaba comigo
pois sonho em dizer que te amo.

POEMA

Tudo que eu vejo,
que eu penso,
que eu falo,
tudo isso eu faço;
Minha inspiração
vem do ser,
vem do mundo,
de mim.

Um poema
relacionado com a vida;
Tudo isso escrevo,
eu crio no papel
desde o momento,
a caneta,
o pequeno fragmento
que repousa sobre a água,
poema está aqui,
nesta folha.

ESTRELA

Vejo sol,
vejo lua,
vejo estrela,
mas não vejo você.

Onde andas?
quero encontrar-te,
quero sonhar,
beijar-te até saciar meu desejo,
estrela do meu ser!

SILÊNCIO

Esse sepulcro que é atormentado
pelos sustos do mundo,
que passa por seu coração,
cortando, destroçando,
sem medo de fazer calar.

Sendo sempre soberbo
querendo você,
para cair em sua chama ardente
retendo toda a raiva do mundo,
oferecendo paz a todos.

Muitos veem como reprovação,
mas o que expira das pessoas
não é a paz do merecimento
e sim, o sempre e sempre,
moderno silêncio.

AMIZADE

O seu carinho, seu amor,
completa todo o meu vazio,
sempre tão belo
e apreciável.

Crescendo cada vez mais
a áurea da rosa bela
sobre mim essa amizade
tão querida, tão compreendida,
torna-se animação viver.

Você mostra sua inteligência
completando a todos em sua volta,
expulsando o mal dos corações
e ascendendo neles uma chama de alegria.

CARINHO

Neste relato quero contar
toda a alegria e todo o carinho que sinto.

Esta fase que vivo
me faz sentir
como uma pessoa condicionada
na faculdade de compreender.

Tudo o que me faz viver
é ter Cristo no meu pensamento
da lembrança a apresentação
agora penso sem vaidade
e chego à conclusão
que terei a felicidade
em meu coração.

Terminando esta oração
quero pedir então,
aprenda a amar de coração
pois cristo é nosso irmão.

CONSEQUÊNCIA

Os fatos que hoje se veem no mundo,
são por falta de igualdade,
de liberdade, de honestidade,
e acima de tudo de felicidade;
Felicidade de ver o povo sincero
harmonizando o mundo,
crescendo como uma criança.

Mas não,
vivem sem ter infância,
todos pensam
mas não respondem;
Pergunto:
- Será isso a consequência
desse mundo ser assim tão corrupto?

REALIDADE

Hoje em um ensaio de vida
apareceu-me uma visão,
um novo sentido,
um apreciável momento
pois era completo.

Um toque de solidariedade,
um grito crítico de socorro,
este momento é a presença
onde vive,
onde encontra-se a realidade.

Respostas incompletas
sem nenhuma explicação, onde
é que se encontra a irrealidade?
O porquê da pergunta?
aqui jaz apenas realidade.

MOVIMENTO

Idealismo sinto
perto de quem passa
nesta casa de órfãos,
medrosos,
malcriados,
sendo sempre alienados.

Pela rua
seguindo o quebra-cabeça
vivendo na harmonia da loucura,
remoendo-se em movimentos
que não levam a lugar qualquer;
num regime desordenado,
toda uma direção viva
para encontrar sua vocação.

AMAR

Amar, é sorrir;
sorrir para quem?

Amar, é viver uma paixão;
que paixão?

Amar, é sentir o perfume da felicidade;
que felicidade?

Amar, é saber viver;
viver como?

Pergunto-me se eu sei o que é amar
e a resposta eu não sei falar;
Falar? O que falar?

FALSIDADE

Este ato de pessoas sem coração
atinge os amigos e os irmãos;
quero nestas linhas
deixar minha opinião.

No tempo de Jesus Cristo,
em sua caminhada
a fé e a esperança
foi muito pregada,
só o amor ao irmão
é que aumentava
até sua morte surgir
por alguém de amor ausente.

Peço então
ame de coração
com fé e união,
não use a falsidade
inimiga da verdade.

PASSAGEIRO

No teatro da vida
há sempre um destino,
aquele que um dia foi escrito
diante daquele que penetrou
em um coração
fazendo com que esse momento
fosse declarado a um passageiro
do mundo,
do destino.

POESIA A UM AMIGO

Você
que hoje
está ao meu lado,
que antes estava longe;
hoje encontra a beleza de amar.

Você amigo
que tanto me ajudou,
escrevo que me alegrou,
o momento,
o instante.

ONDE ANDARÁS

Hoje
pego lápis e papel
e traço os teus caminhos,
procuro e sigo este labirinto
e não vejo nada.

Onde andarás?
pois todos os caminhos
que procuro
sempre saem num lugar escuro
de inesquecíveis pesadelos.

Procuro chegar ao seu coração,
não vejo nada,
não vejo pó, pegadas,
nem estradas,
onde andarás?

POESIA

Não é como uma carta
ou como um desabafo num papel,
é mais do que um relato de amor,
não é simplesmente uma história
ou um conto de criança,
nem mesmo como um romance famoso.

Poesia é a realidade,
é a vida;
poesia é o ser,
é a matéria;
poesia é tudo aquilo
que durante um momento
seu coração está transmitindo;
o sentimento.

AMIGO

Amigo
é aquele que ajuda
que apoia, que insiste,
é aquele que inspira
até nas tentativas de diálogo.

Amigo
que colabora com você
compra pagando em dobro suas dores,
que te ajuda na fome de viver,
amigo de coração
que é sempre amigo.

CRIANÇA APAGADA

Eis a bela criatura
que nasce prematura, pequena,
criança inocente
decentemente chora.

A mãe vê seu único filho ser morto,
morto por esse destino cruel
de vidas perdidas
que se passa neste momento,
esse acontecimento, essa mãe, aquele choro.

Espero mulher que sejas forte
quando o sangue quente subir em suas veias,
chegar a sua mente, alagar as esperanças;

_ Oh! Deus!

ABC DE UM ESTUDANTE

Aluno eu fui
Bonito foi quando eu entrei na escola
Colega do lado, caderno encapado
Deixava-me levar pelo professor
Escutava atentamente as explicações
Foi um ano muito bom
Ganhei parabéns de meus colegas por minha colocação
Hoje vejo o quanto foi importante
Indo a escola aprendi muito
Jovem hoje eu sou
Lembro ainda dos colegas amigos
Muito eu estudei, e brinquei
Não deixei levar-me pela vadiagem
Ótimas notas eu tirei
Por isso, agora vou terminar
Quero caro amigo
Render os meus estudos
Ser um bom aluno
Também quero pedir
União entre todos
Veja o que aprendi
Xucro foram os colegas que hoje lamentam o passado
Zelarei eternamente da minha reputação,
_ sendo feliz com a minha educação.

ABC DA NATUREZA

Alegria se vê ao amanhecer
Belos e lindos campos
Com árvores que alimentam a paisagem
Desses campos que vejo, alegro-me
Esses lindos campos como a vida
Felizes os que conhecem
Gestos da natureza
Hoje o homem mesquinho a destrói
Indo e levando a morte
Já presenciei muitas coisas
Lamento natureza o que o homem te faz
Muito mais fará se eu não te ajudar
Não quero ver-te destruída
Olha, eu faço minha parte
Pois não quero ver-te acabada
Querida natureza, bela paisagem
Revela-se aos homens
Sem ter direito ele falta com respeito
Tenho uma conclusão
Um mundo cheio de corrupção
Vejo torná-lo em desilusão
Xi, em pura poluição
Zelarei eternamente do verde, de teu verde,
_ que trago em meu coração; mãe natureza.

TEMPO A TEMPO

Tudo tem seu tempo;

Não há tempo para chorar
se somar horas alegres;

Não há tempo para cair
se somar suas forças;

Não há tempo para destruir
se olhar dentro de si próprio;

Não há tempo para parar
se continuar andando;

Não há tempo para odiar
se partilhar o teu amor;

Não há tempo a perder
se viver tempo ao tempo.

MONTANHA NO DESERTO

Na paisagem sem fim
ao longe daqui
águas transbordam em vida;
belos campos arenosos
cercados, sons e zumbidos desconhecidos;
cheiro da praia em deserto crucificado
num luar brilhante, cavalos brancos
cavalgam na areia
subindo e descendo deserto;
enfim, terás tudo que então
o mar de areia lhe ordenar;
quem se apressa, logo chega ao seu destino
livrando-se da escuridão,
de campos amarelos
de todos eles
um areal,
uma montanha no deserto.

TEMPO DOIS

Procuro encontrar minha vida,
nela esconde-se um sentimento
sonhador, com amor, com dor,
com sentidos inexplicáveis.

Sem ter o que pensar
sonha no teu próximo momento
mas não encontra teu lugar
por estar livre no tempo.

Esperando que chegues
em seu coração
um mundo inteiro,
uma eternidade que está fixada
em sua mente.

Ao seu coração se dá
a energia que faltava
na chamada do tempo,
neutralizando sua imagem
diante de si mesmo.

SE ALGUM DIA

Se algum dia...
sairei pelas ruas,
correrei o mundo,
gritarei aos povos,
soprarei aos ventos
até formar uma tempestade;
percorrerei todos os caminhos,
viajarei toda minha vida
até te encontrar.

Procurarei um coração perdido,
um grito, um abraço amigo,
um sonho não conseguido.

Só então saberei onde estou
e com este pensamento,
apenas com isto,
voltarei novamente pra mim.

PAUSA DO TEMPO

Tempos corridos
tempos sem pensar
foram só encontro da juventude
da vida avançada que não virá.

Sou agora
apenas instrumento de paz,
um impressionante tempo
dentre todos que passam
paro e penso
tempo mal pensado
mal de meus irmãos
todos que não pensaram
desequilibraram-se diante de mim.

Tempo, peço agora que volte,
penso no futuro de meu coração,
de minha mente
tentando surpreender todo meu erro
que ao lado do inconsciente perdi,
tempo, meu tempo,
faça novamente meu destino,
pois procuro recuperar
o esquecido tempo,
o tempo esquecido, perdido.

PEDIDO

Espero todos
para que todos me esperem;
sinto tudo
para que alguém não sinta dor;
digo o que sinto
para que alguém diga o mesmo;
sonho com alguém
para que pense ao menos um pouco em mim;
eu partirei deste lugar
para deixar o amor que me domina;
fujo dos inocentes
para os incompetentes nada falarem;
amo quem me ama
por querer amar;
deixo o que deveria procurar
para não encontrar;
apenas procuro um sentimento
porque pergunto e não me diz;
peço então,
nem que seja alguns segundos,
paz!

O JAGODE

Quero apenas um quilo de amizades,
dois pacotes de amor
com gramas de sonhos,
e um brinde que é a paixão.

Quero apenas amigos por quilos,
amores por pacotes de tristeza,
sonhos por gramas de ilusões
e a paixão por brindes de alegria.

Quero tudo sem precisar deixar as amizades,
quero amor sem precisar deixar a vida,
quero sonhos para aproximar-me de você
e mostrar-te o amor que existe em meu coração.

DECÁLOGO DE UM SENTIMENTO

Sonhei um dia com você
com a boca mais perfeita
com os olhos mais brilhantes
e com seu jeito fascinante.

Pensei na amizade
também nos sentimentos
cheguei a uma conclusão,
não posso trair uma bonita relação.

Apenas convém vencer
o meu coração e seguir,
dar caminhada aos meus pensamentos,
sonho então vencer uma paixão.

POEMA INÚTIL

Sei o tempo de mudanças,
o escuro dos conhecimentos extraordinários
e os sonhos imprevistos;
ilusões do passado
me fazem refletir ao encontrar
quem eu chamava de "princesa";
tento ser outro, ser o que eu não sou,
o que sempre tentei ser.

Passo a passo
conheço cada vez mais
meu destino, talvez, obscuro
para a natureza, mas não para mim
e sim puro para o meu coração.

SERENIDADE DE UM PEDIDO

Sabe o que eu espero,
apenas uma resolução
de meus problemas,
de meus sonhos,
de meu amor
à todas as pessoas.

Um dia para sentir-se bem
com o mundo,
com a vida,
com o ser,
com tudo.

Espero que a amizade
torne-se necessidade, não calamidade,
sinto um imenso trânsito em desequilíbrio,
uma fase de descobrimentos,
de aprendizagens,
um tempo difícil
diante da alegria que tive no "passado".

Jesus Cristo meu guiador,
desvie-me dos passos errados
e dê rumo a minha vida.

Alegro-me, para que a união
se torne feliz, unindo-me
com a felicidade de viver.

UMA PROCURA

Eu estou à procura de alguém,
alguém que me entenda,
que me dê carinho,
que me dê razão de viver.

Eu estou à procura de alguém,
alguém que deixe a realidade surgir,
alguém que me conduza a felicidade.

Eu estou à procura de alguém,
alguém que deixe de providenciar
o presente-futuro,
mas sim o presente momento.

Eu estou à procura de alguém,
alguém que sabe o que é amar,
o que é se apaixonar,
alguém que é você.

AINDA TE QUERO

Ainda quero amar-te,
ainda quero sonhar contigo,
poder encontrar o sentido da vida
com o coração palpitando de alegria,
ainda quero em meu coração acenda
toda a paixão com felicidade,
não só por um momento
e sim para a eternidade.

Sei que sempre sonhei,
amar, eu sempre desejei
por ter perdido quem eu tanto pensei,
esquecer ainda amando não conseguirei.

Fazendo-se assim um coração partido,
não perguntarei o que sentes,
pois não quero me decepcionar,
mas direi o que sinto por você,
medo de me apaixonar outra vez.

SENTINELA

Eu me guardo,
eu me escondo,
dirijo a sentinela da solidão,
a guardiã do espaço do meu coração;
o espaço da paixão, da natureza,
das águas, das matas e cascatas;
a sentinela do meu pensamento,
do amor ao mundo,
dos sentidos obscuros,
dos momentos de alegrias,
da realidade de viver,
sentinela do meu ser.

SENTIDO DIVINO

Oh! querida!
Oh! tão sublime
Oh! tão sonhada
Oh! bela criatura divina
que é a do poder de criação,
viestes ao mundo por um dia;
eu senti teu coração,
és minha paixão;

Oh! querida que sonho tão real
que viestes em meu pensamento
neste momento,
sonho de um viver;

Oh! plácida lua
teu coração
é minha inspiração.

MUSA

Sonho perpétuo,
musas do sertão,
gestos tão infantis,
no pensamento
a realidade do saber
e do grande em agir.

Ei!
garota dos meus sonhos,
eis que estás brilhante
como uma estrela no céu do meu sono;
garota pequena de alma tão grande e sublime
eis que na imensidão dos lagos espelhantes que vejo
você transborda felicidade para o meu coração,
pura de tal maneira que é a rainha dos sentimentos.

És tu querida
que em minha vida marca meu caminho
e escreve meu destino, és tu amada
que fazes com que eu abra meus olhos
e permita que descanses teu corpo neles.

És tu ó tão sonhada, que libertas de mim o desejo,
és tu que constantemente me faz chorar
nos cantos de um viveiro já assombrado
e me deixas a te procurar nas madrugadas.

És tu que fazes nascer minha inspiração,
que fazes com que eu viva;
és tu que deixas meu coração bater mais forte
e abre o caminho das letras.

É você que com esse seu jeitinho doce
fez com que eu adormecesse nos lírios do amor,
que deixou-me sonhando com a primavera seguinte,
que deixaste o tempo para mim se tornar raridade,
que deixaste um amor inesquecível,
que deixou acabar uma ilusão fútil
e nascer uma paixão apreciável.

És sempre tu que ilumina os sentidos do meu eu,
é sempre você que sonha comigo;
és tu que me deixou apaixonado,
és tu amor.

PALAVRAS DE UM ATO

Serenas águas cristalinas
transbordam em meu coração,
a qual faz nascer uma emoção
assalariando o amor,
com histórias do mestre
meu pensamento.

Ética de sonhos reais,
importantíssimos diante da paixão
no momento diário do meu sono.

Imediatos atos do meu ser
são feitos para a tentativa de sentidos
espontâneos e completos,
diariamente dos erros líricos;
romantismos apenas.

TRISTEZA

Em altos choques do seu eu
vem um momento de tristeza, de angústia, de solidão,
um momento que todo coração expira sangue,
expira sentimento;

Que faz nascer dentro de um templo
o reconhecimento, o reconhecimento do passado,
de seu presente o formulário de uma amizade
que escondida estava entre a obscuridade do vazio
da moradia eterna;

Onde ficava alegria
agora fica tristeza,
daquela igualdade;
sua amizade.

PENTÁGONO

Em teus pensamentos
em teus atos
em seus sonhos de amor
em seus sentimentos
em sua vida
há um cerco de fardas,
o dever em seu próprio agir,
um instrumento de batalha,
a sentinela do teu eu,
eis que esta guarda
está presa em teu íntimo;
é você.

SENTIMENTO

Em vários lugares
em vários pensamentos
em vários sentidos
em mim
em você.

Onde? por quê?
pergunto,
choro,
sinto,
grito, sem ser respondido.

Em tempos que se vão
em tempos que se foram
eu procuro respostas
e chego neste estúpido momento.

Onde? por quê?
novamente pergunto,
só então nasce a resposta
nem querendo ouvi-la,
é pesada demais.

E eu sem lugar
sem pensamento
sem sentido
sem você
penso em ti.

BONITA EXPRESSÃO

Em teu rosto
em teus lábios
em tua face;
há uma bela expressão.

Um sentimento bonito
um sonho já encontrado
e "jogado de lado".

Sempre uma inspiração,
uma solução,
sempre,
sempre...
teu sorriso.

DISTÂNCIA

Sinto um sentimento,
um pensamento
dentre vários pronunciamentos
em dois elementos,
um só problema,
um pequeno esquema
que trás vários tempos,
demorados prolongamentos;

Uma morte,
um fim,
um inesquecível sentimento,
linhas traçam este encontro,
pessoas atrapalham no momento
entre distâncias de pensamentos,
um só prolongamento;

Um sentimento,
talvez essa distância
deixe apenas uma marca:
a solidão de um coração.

PEQUENO ANJO

Um brinquedo,
um soneto,
um sentido,
guardião dos sonhos de criança,
soldado do coração;
primeiro no pensamento de um ato,
ditando certo ou errado,
ditando erro ou acerto,
ama à vida,
ama seu eu,
pensa no teu consciente penetrar,
pequeno sonhador,
pequeno amor,
pequeno anjo do senhor.

PEQUENO BRINQUEDO

Pequeno teste,
pequeno sonho de criança,
sonho muito bonito,
pensamento não em branco
e sim em coloridos sonhos.

Em tempos certos
para escrever,
para brincar,
em tempos de rolar,
em tempos bonitos.

Muito bem criança,
tempos de pequenos brinquedos,
de amigos.

DEPOIS DE UM MÊS

Hoje chega o fim do mês
E chega também à solidão,
tenho comigo uma vez
em que sonhava de coração.

Quinze dias,
quinze noites,
trinta dias
se passaram em um mês,
de pura sorte.

Primeiro encontro, ouro,
quando já apego ao amarelo
em um ato mero
me leva a ilusão de um duelo.

Depois de vinte,
o aniversário saúda a cidade
com festas tristes,
em alegria transforma
76 anos de idade.

Agora em tristeza
a um pequeno sonho
a beleza de uma volta
depois de um fim medonho.

Em rimas termino
e tal conclusão imprimo,
em rimas confirmo;
depois de um mês
volte talvez.

OUTRO ENCONTRO

Novamente à vejo,
depois de algum tempo
vem o reencontro,
nada tão forte,
apenas dois olhares,
duas palavras,
dois segundos,
dois minutos de atenção.

Em mim
um movimento no meu coração,
fazendo-se agitar minha guardada paixão.

Logo tão rápido se passa
vulto do meu pensamento
se faz presente nesse momento.

REALIDADE DOS VERBOS

Eu escrevo meus pensamentos, onde
Vós, sem dúvida permaneceis presentes;

Tu sabes que escrevo versos
Nós sentimos cada minuto de vida;

Ele, não tem sentimentos,
Eles e Elas não encontram felicidade, e
Eu escrevo novamente, meu presente.

Jataí, Goiás
1994-1995

DECEPÇÃO

Por quê?
Qual o motivo?
mal imprevisível;
tempo de sofrimento,
ente de paixão,
amizade e coração.

Tentativa milenar,
algo que acontece sem rezar,
dos segundos da vida
minutos são obsoletos.

Por quê?
Pra que?
todos na mesma pergunta
choram, sofrem com o que acontece,
com o tempo sem pensar;
esse momento
mal para o coração
é chamado de decepção.

MESTRE

Este, aquele...
Esta, aquela...
Sim, porque...
Não, porque...

Todas as palavras usadas por um poeta,
por um filósofo, um...
são agora copiadas por um pequeno rimador,
um trovador, um poeta que fala de amor.

É, não digo mais,
apenas termino o não começado...
estas quadras, estas linhas...
que nada falam, que tudo lhe davam,
palavras do insensato "poetizador"
o qual escreve por amor.

CARTA A UMA DEUSA

Num lindo dia surgiu...
nesse belo dia surgiu um amor,
era tarde, era noite, o sol se escondia atrás da lua;
as estrelas se espalhavam a procura de emoções.

Nessa hora inadequada talvez,
estourei as capsulas do romantismo,
elevei os deuses como se fossem reis;
no instante imóvel surgiu o inesperado,
o imprevisível, o sentimento;
eu te alertei, avisei para nada solucionar
já que este enigma secular,
vem-me perseguindo a tempos.

Logo me vejo em tal decisão,
te dizendo rimas de um coração, pensamentos...
vários armários foram abertos a procura de guardados;
o meu quarto que era habitado por um poeta,
um escritor, um rimador, enfim um sonhador apaixonado.

Meus sonetos não deixavam minha companheira parar,
a minha caneta que já havia traduzido vários momentos,
tantas estações e falava agora do meu sentimento por você.

Essa de quem agora falo e tenho o prazer
de desfrutar de seus conhecimentos
e de poder eu também traduzir
sob o seu conhecimento ao povo;
essa que endereço estas linhas
e chamo de deusa
é você... poesia.

SAUDADE

Essa dor não mata
essa dor ingrata
saudade de um tempo bom
essa dor maltrata,
fere o coração.

ESPERA

No silêncio de um túnel
a força de um esqueleto,
a passada e antiga tentativa
de um ser que na espera
se tornou os ossos e o aroma
da própria morte.

Por tanto guardar-se,
teu sangue ficou descolorido,
pálido, comparado com o branco
e a transparência das nuvens
que escondem os raios solares.

Nesta tão grande espera
teus ossos deslocaram
e formaram a morte que esperava
por não poder andar.

GOTAS DE UM VERSO

O sorriso de um coração
é uma lágrima de uma
paixão sonhadora
e encantadora.

PRIMORIDADE

Não há felicidade
quanto do rosto
se expressa tristeza,
principalmente quando
causada com rimas
e sonhos
de uma tempestade
inexistente.

FIM

Hoje.

Por quê?
motivo pessoal;

Há volta?
não sei se acontece;

Você amava?
eu amava.

Eu rimando chorava,
te olhando eu parava,
esperando o tempo passava,
te beijando me alucinava,
ao seu lado me apaixonava.

Mesmo assim, foi eu
que por um segundo
fiz o céu escurecer
e o mundo tremer.

Como eu estava sofrendo
tentei, sonhei, brinquei, de tudo fiz
mas não escapei de fazer essas rimas
do que hoje passei.

DE VOLTA

Num bom tempo parei
não mais rimei,
não mais escrevi,
não mais eu vi
os pesadelos de não mais viver,
de não mais sonhar,
não mais tentar,
não mais apaixonar.

Por quê?
não mais irei pensar?
pergunto respondendo
com o que escrevo,
com o que não mais
vai acontecer,
que agora
com rimas volta a nascer.

AMOR PURO

O mais puro amor
quando sincero,
não pede sorte
nem clamor
porque é puro
que não apaga
nem com a morte.

VOCÊ

Eu passo a noite inteira acordado,
acho que estou apaixonado;
só você faz sentido,
só você me pode fazer viver,
você é fascinante com um jeitinho
que me faz enlouquecer,
não consigo te esquecer.

É alucinante relembrar
e não mais acordar
e não mais querer deixar
de sempre te admirar;
você fez com que eu
não conseguisse mais parar de sonhar, e
só ter você no meu pensamento.

Seria simples te escrever,
telefonar, tentar comunicar,
mais isso tudo eu fiz
e não aguento de tanta angústia,
preciso sentir você.

FELICIDADE

Felicidade é poder viver
com amor no coração
É ter você minha paixão.

POESIA DISTANTE

Apenas isso
que faz com que meu amor cresça,
transborde, mas só isso não acontece,
existe perigo, existe distância,
um espaço traiçoeiro
mas que é bom, feliz
e ao mesmo tempo ingrato,
a essa distância
que existe entre mim e ela
e que é grande, melhor dizer
muito grande, me dá espaço pra escrever
umas linhas, meu pensamento recitar,
e eu soluçar, que não mais posso procurar
pois está no meu coração,
posso até terminar recitando
e escrevendo o nome nessa página vazia,
na verdade, não é um nome
é sim você poesia.

TEATRO DE UMA VIDA

Agora vou narrar
Uma pequena história
Que há alguns anos vi passar;

Num certo dia uma moça sorria;
Bem dizia ela
Quem não parecia enrolar
Por ser artista vivia com a aquarela
E sempre a cantarolar;

Com o tempo que passava
Ela de tudo fazia
E pra tela passava
Um momento de primazia;

Diariamente sorridente
Sempre a procurar
Era prudente
Até não mais recuperar;

Encontrou um certo moço
E esse rapaz o fez apaixonar
Na sua vida nascer um alvoroço
Só por ela se aproximar;

Chegaram um dia a se casar
Por seu marido apaixonar
E as rimas de uma vida continuar.

ESCREVO POR ACASO

Por este acaso surge o inesperado
e mesmo se protestado
não chegará a lugar algum;
nesse momento o que se espelha
o que comanda é o destino.

Destino não solitário
trazendo com o bom espaço
o preenchimento merecedor
por esse ser o mais belo sentimento.

Nada surpreendente,
mas aprender é
sentir o quanto é bom
fazer expirar sentimento,
alegria de certa forma é bom
mesmo se o que acontecer
tornar-se paixão.

ANGÚSTIA

Triste espera
triste como a morte
tento sem esperança
procuro e não encontro
choro de alegria
e dou gargalhadas de tristeza.

Por quê?
sua ausência já é forte,
mesmo pouco o tempo
não consigo esperar.

Sofro,
corro,
ando, pulo,
escrevo, pois não acho saída
em meu coração.

MOMENTO DE INSPIRAÇÃO

Sensação,
tentação,
rimas em ação;
já que és fluente de amor,
o tempo de dor,
não passa a poetizar
seu destino, não te traz azar;
tudo rimado, vago ao ar
palavras tolas que não são verbo
apenas um pensamento flutuante
vagando pelo tempo,
trazendo estas quadras
sem motivo,
sem sentido,
apenas com frases de inspiração
que na verdade vem do coração.

CARTA

Se nesse papel
eu pudesse
escrever o que estou sentindo
me acalmaria,
pois em meu peito
comprime-se um sentimento
doido, talvez ausente;
para mim o que falta é você,
apenas você
para completar esse meu vazio
também questionado,
também implorado;
essa frase, essa palavra,
tudo que com uma resposta
poderia deixar-me aliviado,
mas com um sinal
seria o certo,
pois vou te procurar;
apenas quero te encontrar
e quem sabe poderemos conversar.

INSPIRAÇÃO

Não é realmente o que se pensa,
é também o que sente
e o que você vê acontecer
e sempre permanecer.

Mesmo aqui nestas linhas
tão poucas por serem grandes
e ao mesmo tempo sentimentais,
talvez por não poder recitar
creio, e tenho até certeza,
não há rimas que pairem no ar
mas sim em seu coração.

Tento expressar
por um momento
o meu pensar que faz criar
no meu conhecimento.

Rimas eu fiz,
palavras escrevi,
nem sei se doeu,
mas se não souber;
fui eu quem escreveu.

TEMPORAL

Chuvas de verão
luz de paixão
claras do amor
nem sequer um desafio
o fogo que se pega com ardor
não mais apaga essa dor.

Rimas, quadras sem sentido
poucas palavras expressam
as lágrimas de um coração
que muito tenta e pouco consegue;
nesta longa estrada,
sequela do tempo.

Hoje, ontem e o amanhã
mesmo o tudo, mesmo o nada
sem sentido o que se repete;
pouco falo, pouco falarei
nestas palavras anãs
e até inadequadas talvez
eis o que farei.

Por aqui termino estas quadras
deste jovem regional
sem deixar-lhe dizer que contesta
sem deixar-lhe dizer que são mal;
fica aqui a palavra que se deu
se ainda questionar
venha procurar
pois fui eu quem escreveu.

DIA LINDO

Num lindo dia,
dia lindo como a vida;
na praia onde o sentimento
mais significante que o coração
poderia expressar, surgiu
nesse momento
novo sentido,
novo tempo;
a areia servindo de inspiração
e seus lábios de sedução,
exalante paixão.

PAZ

Distância,
sorriso,
que importância
tem isso;
amo de longe
e penso bem perto
como um monge
que tem para a paz
o coração aberto;
tanta emoção
e nada de ilusão,
apenas paixão.

ABC DO ENTE

Alegremente
Bravamente
Comprovadamente
Dolorosamente
Elegantemente
Felizmente
Generosamente
Honrosamente
Inadequadamente
Jeitosamente
Lindamente
Milagrosamente
Negativamente
Onipotente
Perigosamente
Queixosamente
Resumidamente
Sinceramente
Tentativamente
Unicamente
Vidente
Xucramente
Zeladamente, escrevo tudo do ente.

AMOR

Amor,
sempre aumenta
nunca se acaba
apenas adormece
talvez para todo o sempre
as vezes por algum tempo;
quando ressurge
não mais acaba
nesse momento,
se torna eterno.

SAUDADE MALTRATA

Diz-se felicidade
talvez distância
ou sofrimento;
não, não é dor que mata,
apenas maltrata,
é uma dor ingrata
que machuca o coração;

MOMENTO

Aqui estou
neste momento
feliz até por ser,
mesmo sem não ter
estado ao seu lado.

Não, não sofro,
felicidade e alegria;
sim, este momento só existe
por estar você aqui.

SORRISO

Um riso delicado
as vezes um manifesto de alegria
outras de uma paixão realizada
mesmo sem controvérsia;
também há o sorriso falso
alegre por fora e sofrido por dentro;
nunca sem motivo
sempre acolhedor
sempre um sorriso.

SENTIDO FELIZ

As melhores poesias
são aquelas que expressam
sentimento sincero,
tocam o coração
e traz um sentido feliz
provocando emoção.

SEU PAPEL

Se as estrelas fossem felizes
estariam com você,
como não são
você pode levar felicidade;
mesmo que quando encontrá-las
já não mais poder sonhar,
apenas jogue tudo para o alto
e tenha certeza de que fez seu papel
aqui na terra.

ESCURIDÃO

Espero fazer rimas
pois esta fase noturna do dia
sempre traz mistérios,
um duelo de luz e escuridão;
pura emoção,
medo que eu não via,
sofrimento que já não mais doía;
sim, despertei-me de um sonho,
pesadelo achar que não
é apenas escuridão.

ILÓGICA

Isso mesmo,
aquilo mesmo
por que essas frases?
não é nada sem motivo
são apenas tentativas de diálogo;
pego de surpresa, sem lógica
abafado, fico pensando
sem entender, isso é...
é o quê?
ilógica essa tentativa
pois são rimas narrativas.

SINTONIA

Sintonia,
é ter você no pensamento,
é saber que as oportunidades
surgem de repente,
como surgiu uma
no dia em que nasci
e hoje surge outra
ao estar com você agora.

SABER SER FELIZ

Saber ser feliz é difícil
pois quando se descobre
que a felicidade existe
já se está no fim da vida.

A melhor fase da vida da gente
é quando você no final,
sabe que pode morrer feliz.

ETFG JATAIENSE

Na estrada do destino
surgiu uma oportunidade
que traria progresso
levando Jataí ao sucesso;

Várias pessoas que procuravam
e não encontravam
sentiam a necessidade
tamanha, também pela idade
todos que quase sem mais recursos
já podiam escrever o seu discurso;

Pois se no estudo empenhasse
seu discurso contemplasse
na formatura de seus sonhos
em pouco realizasse,
para elevar jataí
à bela cidade
que agora está por traz
e por nós tudo faz;

Hoje, anos depois de implantada
ecoa perdida nos cem anos de Jataí,
é importante por ser uma marca
que fica no suspense,
ETFG [1]Jataiense.

---

[1] ETFG: Escola Técnica Federal de Goiás - Núcleo de Jataí.

100º ANIVERSÁRIO

Do mel nasceu teu símbolo
Com força e luta
Teu povo sofrido
Até hoje labuta
Na roça e na cidade
Trabalho sem idade;

Teus fundadores,
As encostas de pequenos córregos
Elevaram o nome de abelha;
Em teus 100 anos de idade, sempre sucesso
Nesses rumores o crescimento, o progresso;

Povo bonito
De expressão feliz
Tem consciência desse doce de cidade
Pessoas fortes quê
Passaram por muitas dificuldades
Viram glória e guerra
Hoje se passam cem primaveras
Veem nessa terra
A esperança de um futuro concreto.

Poesia dedicada ao centenário da cidade de Jataí-Goiás.
Recebeu menção honrosa no concurso de poesia em homenagem ao aniversário da cidade em 1995.

TANTO SOFRIMENTO

Sentimentos, sorrisos,
não entendo nada
nem sei mais o que escrevo
o que falo, o que ouço;
converso sem saber falar
e ouço sem saber ouvir,
apenas estou sofrendo;
não entendo
não penso
porque tanto sofrimento;
qual dia? que hora?
qual mês? que ano?
não sei,
não entendo,
quero poder ter mais tempo
mais amor
mais sentimento
pois não quero mais
tanto sofrimento.

DESEJOS DO INCONSCIENTE

Sofrimentos ardentes
desejos inigualáveis
pensamento ilógico
até parece uma serpente
essas paixões, sendo muito amáveis
não compreende a felicidade;
talvez seja idade
ou até por ser consciente
me encabulo pelo que escrevo;
talvez seja loucura
ou própria doidice
apenas escrevo sobre
desejos do inconsciente
que não sabemos
de onde vem, porque surgem
pois do inconsciente nada entendemos,
nem mesmo o que escrevemos.

PRISIONEIRO

Talvez seja um sentimento
talvez seja tentativa de sentir
nem eu mesmo sei,
não compreendo a grande súplica
do meu coração, do meu eu;
qual será a realidade,
onde encontrar respostas?
nem aqui, nem acolá
pois, nenhuma tentativa de saber,
apenas estou louco por entender;
vejo-me, prisioneiro, querendo você.

INUTILIDADE

Apenas versos inúteis
sem nenhuma rima
sem nenhuma lógica;
por que escrevo?
o que eu quero que saibas? tudo;
quero que saibas tudo
para num momento posterior,
descobrir a inutilidade deste escrito
e não me perguntar
o que eu quis-te falar.

POESIA À ETFG

Sou louco pensador,
homem sonhador,
talvez seja insulto
ou até essa escola
não aprove um bruto.

Sou eu quem falo
e digo o que penso
e até, chego a dizer
que muitos eu calo
e talvez seja o meu senso.

Acho que precisam saber,
só se encontra sentido na vida
se tornando pesquisador
e declarando ao coração
o que entender.

Sem saber,
sem deixar que saibam
o mistério que se faz nascer
deixando um sonhador
sem entender,
porque ETFG[2]?

---

[2] ETFG: Escola Técnica Federal de Goiás - Núcleo de Jataí.

A ÚLTIMA CARTADA

É de dólares
que precisa o fiscal
que levou o seu "cachorro"
para atender, e deverão
tirar do plano verão,
pois as reformas do país
para este ano será um novo choque;
principalmente se assumirem
a economia.

SORRISO MARCANTE

Um sorriso exuberante
é exalado de teu rosto
para manter alegria constante
de uma vida cheia de gosto.

Um sorriso estonteante,
algo surpreendente
que se torna interessante
ao ver essa felicidade ardente.

Um sorriso marcante
que toma em mãos os fatos,
tristeza é humilhante,
mas não se preocupe com esses relatos.

Por fim,
um sorriso bonito
um olhar brilhante
um poema feliz.

INTERESSE

Versos para a menininha
querida e solitária,
amiga ou namoradinha?
para você escrevo
apenas uma descrição
da bonita garotinha,
palavras solidárias
mas sinceras e de coração,
sorrisos para a paixão.

PORQUÊ EM POESIA

Por que viver sofrendo?
Por que sofrer vivendo?
Por que chorar sem ser culpado?
Por que culpar sem ter chorado?
Sempre um porquê,
uma questão
nada casual,
sempre uma interrogação
sempre pessoal
poesia sem igual.

BAGUNÇA SENTIMENTAL

Primeiro eu acordo,
acordo depois de dormir,
acabo sorrindo ao me olhar no espelho,
vejo o quanto é bonita a vida
e como é bom sentir o sentimento
ao ver chegar a primavera
e amar o amor,
eu sei que um dia
vou acordar novamente,
sentir
sorridente,
amar.

Sei que mais uma vez
eu vou recordar
que esta vez já pode
ser o meu fim;
tenho apenas a certeza
que te quero em meu jardim
mais do que eu realmente quero;
e eu não sabia que seria agora,
mas nunca eu diria nunca
pois diria apenas
nunca ao próprio nunca.

BEIJA-FLOR

Teatro
Espetáculo bonito
TV de pura bobeira
Jornal de besteirol
Sorrisos de atores
Alegria do público
Aplausos sinceros
Agradecimentos emocionados.

Poema dedicado ao grupo de teatro Beija-flor, do qual eu fiz parte.

FUNÇÃO

A indicação do amor
é a frase dita por alguém
que não deixa vir a dor,
apenas permite chegar no coração
o sentimento de quem
tem a certeza da paixão,
certeza de pura emoção.

PALAVRAS BONITAS

Eu poderia escrever
várias palavras bonitas,
mas nenhuma, eu lamento
teria condições de descrever
o valor do sentimento
que eu tenho por você.

COMO SE FOSSE

Como se fosse
Se fosse como eu queria,
Como se fosse seria.

Verso que dá nome a este livro, e que surgiu na espontaneidade de uma conversa com amigos de colégio ao falar sobre o meu amor pela poesia.

CRENÇA

Na vida
você só fará
diferença
quando tiver a paz
como crença.

Não leva nada
pois um dia acordará
sem sua presença
e sentirá capaz
por evitar desavença.

INSTANTE

A vida só depois de vivida
é que se encontra sentido
uma amada, chamada de querida
o coração sofre, fica partido
depois some, se vai a felicidade
não consegue esquecer o mistério
mas vive, vive sem idade
apenas toma consciência
dos momentos, e depois de algum tempo
vê seu sentimento acontecer
um terno, a paz e a paciência
termina por completar a vida
morre;
e viver agora
só noutra vida.

PORQUE AMOR

Porque amor,
porque paixão,
não sei,
não sinto dor
pois tenho você
no meu coração.

PRIMEIRA POESIA

Não se resume em uma carta,
não é um desabafo,
não é motivo de solidão.

É mais que um sentimento,
é a expressão do amor,
da paixão,
do conhecimento,
do irreal,
do real.

Aquela passagem do bom
para o mau,
de mau para o bom
é o instante,
é o momento,
é a própria poesia.

UM INSTANTE DE DOR

Um instante de dor,
dor de paixão
que está no coração,
um coração muito forte
como a força do pensamento.

LINHA DO MEDO

Que sofrimento!
É um medo
que não aguento,
medo de não rimar
e minha vida
por um só momento se acabar,
deixar acabar-se varrida;
numa linha que sigo
vejo a emoção
ao meu lado
e junto comigo
perturbando meu coração,
trazendo para mim
um jardim de expectativas
e de inquietude,
de rimas exclamativas
dentro da minha juventude;
resumindo tudo e o todo
é apenas uma linha,
uma reta minha
linha do medo.

SENTIMENTO A LUA

Por um momento
aquele esquecido sentimento
veio perturbar meu coração,
segui adiante a minha ideia
e tive momentos de emoção
que não esqueço jamais
nem apago da mente nunca;
que bela expressão!

Uma menina bonita
fazia com que em mim
surgisse uma paixão
e eu mais parecia
estar em um jardim,
até que por conta da sua causa
não vingou a estrada caminhada
e a curva surgiu no destino
mais uma vez,
que momento,
que sentimento;
ai meu coração!

Não era essa minha ideia,
não era assim minha emoção,
nem pensar assim jamais,
nunca mais bela expressão
apenas bonita em mim
quem sabe, uma nova paixão.

CONSIDERAÇÃO

Passou por mim
e não me viu,
chorei por dentro
e doeu, as flores murcharam
meu coração partiu
meu sentimento...
que decepção!

Não consegui sorrir
apenas mostrar uma casca falsa,
uma alegria externa de mentira;
internamente morto
te vi passar
nem um olhar
apenas um movimento
um antigo gesto
a precipitação da ignorância...
que sofrimento!

Não vi seus olhos,
não vi seu sorriso,
nem você;
morto nessas palavras me iludo
com essa perseguidora paixão.

SÃO TREZE HORAS

São treze horas
passou o carteiro
e já almocei,
li a carta, horrível!

Não quis estudar
não entendi a bomba
mas ao terminar de ler
sorri um sorriso falso,
a carta acabou com o dia.

Não posso mais escrever,
vou chorar, lavar o rosto
e não conseguir esquecer
nunca mais, nunca.

Fecho o envelope, guardo-o.

VESPERAS DE NATAL

Vésperas de natal
do nascimento
que relembro
desse momento.

Começo o dia deitado
em pé vivo para morrer
novamente deitado finda o dia,
acabo também com essa estrofe.

Passagem de um dia bonito,
acho que escrevo
mas as vezes não percebo;
talvez sejam palavras
ou leituras para um diário.

Alegria!
Alegre deveria ser.
Como sou mais um,
sou o primeiro a escrever
totalmente calmo
apenas com emoção
algo que já não posso deter
pois são palavras
que escrevo de coração.

Me acabo com o fim.

DESAFIO

Um momento
de reaprender
e aprender novamente,
desafiando teu conhecimento
e a sua própria mente.

NUM GESTO

A felicidade maior
do ser humano
acontece nesse gesto
mais puritano
de olhar na face de alguém
e fazer seu manifesto
para provocar alegria
sem nenhum plano
apenas num gesto.

Uberlândia,
Minas Gerais
1996

INVASÃO E SOLIDÃO

Todo prazer inerte e prazeroso
gosto sentido do fogo
e palha em brasa,
isso transmite o circo
do meu pensamento.

Tarde, manhã anoitecida,
canção de invasão e solidão;
menina que não me ouve agora
e nem sente o meu sentimento,
tente sorrir paixão
seu rosto cortante de tanta beleza
me traz saudade.

Tempo desencontrado,
parecido a matemática
mal formulada, odiada e enfática,
meu ganha-pão,
condeno e não reclamo,
aí que amarga ilusão,
porque eu não vi
nem prestei atenção
no raio de π.

INQUIETO

Num instante senti-me inquieto,
desorientado, sem movimento,
sem nada;

Um momento estranho
que fez com que eu escrevesse
e achar isso bom;

Creio em Deus,
e vejo que ele existe
nesse momento,
pois são tão poucas linhas
mas que trazem alento;

Houve alguma vez
em sua vida esse momento?
isso é apenas uma inspiração
misturada com indagação
inquieta e momentânea.

SERTÃO

Sertão adormecido
com o orvalho do entardecer
brisa sorridente com ar de sertão
palavras que me dão
medo e alegria ao mesmo tempo
sorrir ao inconsciente é saber escrever
o momento e decifrar o pensamento
entender o coração e odiar a paixão;

Talvez não concorde
com o que eu digo,
problemas são números,
páginas de uma poesia
escrita no instante
em que o tempo
é obrigado a parar
e neste momento
a poesia terminar.

PALAVRAS

São apenas palavras
que expressam
um sentimento,
um momento,
talvez até um talento;
mesmo assim
prossigo esta oração alheia
sem lógica
sem mistério
e muito antes que leia
a última linha
veja qual será
minha última palavra
não se esqueça
que para chegar até lá
teve que ler todas as outras
esta palavra que tanto me vê falar
e faz parte da minha vida
agora escrevo,
simplesmente para expressar
o sentido do texto
palavras, são apenas palavras
não servem pra nada
nem tão pouco para começar
sabe por quê?
é o "FIM".

INDECISÃO

Numa busca indecisa
senti o gosto doce do teu beijo
e como num sorriso senti
o medo que me atormentava
acabar-se num olhar
para o começo da indecisão
momentos de prazer
ao viajar pelo irreal
loucura gostosa e surreal
que não sai da cabeça
e faz saudade ficar
fugir não vai adiantar
pois não consigo esquecer
tudo começou sem hora para acabar
que as palavras arranhem assim
como tuas mãos fazem com meu coração
provocando em mim
algo tão anormal
que talvez se começarmos
tudo de novo
vai ser um bem
que apagará qualquer mal.

SONHOS

Hoje acordo
depois de um sono de sonhos
foi tudo por sentimento
algo estranho suponho
e a pressa agora lamento
lembrando do teu olhar;

Meus lábios
amanhecem cortados
deliciados
com o gosto do teu beijo
o meu corpo
ainda impregnado
do teu perfume
sente o teu calor;

Lembranças
que trará saudades
foi uma viagem
um momento
talvez até uma miragem
porém, trouxe sentimento
que agora acalento
junto as lembranças.

SOLIDÃO

Não consigo dormir
as lembranças machucam a realidade
e desperta os meus sonhos
abro um sorriso sem sono
e não tiro do pensamento teu olhar
surge então uma saudade doce
momento de escrever na solidão
as linhas do meu sentimento
e viajar nas loucuras do meu pensamento.

APAIXONADO E ENCANTADO

A paixão surgiu de repente
e trouxe com ela a dependência
agora quero ser tudo ao mesmo tempo
não morrer apaixonado
e encantado por você
teu sorriso não sai do pensamento;

E num momento sarcástico
brota em meus olhos a lágrima
tudo por causa das mudanças
procurar é tolice
pedir é se enganar
estou só nessas lembranças;

Na ideia que some sem rumo
vivo o futuro que se vai embora;
nem sei se conseguir
amar ou reclamar
porém as palavras
estas vão seguir
pois são as que agora
fazem esta oração findar.

SORRISO GOSTOSO

Quero poder te olhar
e imaginar um futuro bonito
e no sorriso gostoso
debruçar no infinito
do meu destino ditoso;

Poder desabafar
meus sentimentos
tão estranhos,
faz com que eu
tenha necessidade
de finalizar as palavras
que suplicam sem piedade
para fazer acontecer
o momento.

PROPOSTA REGIONAL

Aprendo história
Não entendo a revolução
Então, escrevo a música
Pensando nela, no livro
Tudo como se fosse...
Assim, sem emoção
Tão natural...
Numa proposta metafísica
Meio sem noção
Sem nenhuma posse
Portanto regional.

PALAVRAS TOLAS

Parado, pensando
Sem entender o erro...
Um momento de escuridão
Ao som da capital estrangeira
Revivo a incapacidade;

Por que não vê-la?
Talvez fosse saudade
Mesmo sem entender do que
Agora, paro para ler
Voltando respondo a chamada
Resposta que dá nota;

Tudo sem sentido, não consigo
Apenas não entendo,
Pensamento estranho
Que me torna
Indeciso ao findar
Palavras tolas.

INTERROGAÇÕES

De repente fico pensando
e tenho a impressão
de não ser único,
medo do que penso
não entendo o que escrevo
pois nem sei ao certo
o que vou fazer,
o que vou dizer,
apenas tenho medo;

Por que a manipulação?
que a verdade apareça
dessa permanente decepção
o fim do que apenas começa;

Será o fim?
O que digo?
Por que tantas interrogações?
Deixe-me com isso
serei virtuoso
só com as palavras poéticas;

Revoltar-me-ei agora
para atender a expulsão
antes indagarei num jargão
e só depois de descoberto
abafarei com o lençol aberto
a minha desilusão.

São Paulo
2005-2006

FLOR AZUL

Eu encontrei uma flor azul,
um exemplar raro
tão perfeita e linda,
tem o brilho do céu
das estrelas e da lua ao anoitecer,
a beleza de um diamante
e é tão forte como o meu amor.

SONHANDO COM VOCÊ

Hoje acordei sonhando com você
e tudo era tão bom
enquanto meus pensamentos
viajaram por todos os dias
em que nossos corações
bateram apertados de saudade.

Todos os momentos
em que eu me pegava
pensando em você,
no seu sorriso,
nos momentos bons
e gostosos de carinho.

Ah!
Eu viajei no tempo
e voltei ao dia
do primeiro beijo,
quando senti o gosto doce
de um veneno sem cura
que eu jamais busquei antídoto.

Acordei sonhando com você,
e tudo era tão bom!

AQUELA FLOR

Eu tenho guardado
em meu coração
a chave de um tesouro,
o mais precioso que possa existir nesse mundo.

Esse tesouro é uma flor,
que dá vida ao meu coração,
que me faz sentir forte
e cheio de vida,
que me deixa apaixonado
a cada momento.

Essa flor é você,
minha amada,
minha rainha,
você que me deixa encantado
com tanta beleza.

A beleza do seu sorriso,
da sua voz suave,
do seu carinho,
de você toda linda
do seu amor.

NOSSA HISTÓRIA

Lembra-se de como tudo começou?
tudo foi tão natural
que só posso dizer que foi obra de deus,
nossos caminhos já estavam traçados
e isso era inevitável.

Me lembro do dia
quando eu te vi pela primeira vez,
eu parecia um bobo
fotografando aquela flor por todos os ângulos
numa tentativa de registrar cada momento.

Eu talvez não soubesse
o que estava acontecendo naquela hora,
mas meu coração sabia tudo,
sabia que eu seria seu e você minha,
seríamos um do outro
para o resto de nossas vidas.

MAIS UM ANIVERSÁRIO

Hoje é o dia de celebrar o nosso amor,
de comemorar o dia
em que nossos destinos se cruzaram.

Quero desejar para nós dois
o melhor que esteja reservado
e para nossos caminhos, sem vaidade
seja de alegrias num destino repleto de felicidade.

Quero dizer que ter você
completando minha vida
é a melhor coisa
que poderia ter-me acontecido.

NUM DIA LINDO

Num dia lindo de sol
você apareceu na minha vida,
tudo foi tão natural
que eu não podia imaginar.

Hoje só de pensar em você,
meu coração começa a disparar
e isso tudo é muito especial.

TANTA SAUDADE

Sinto uma dor profunda
em meu coração,
procuro você
em todos os lugares
e a cada viagem que faço,
não encontro minha direção
e continuo como um barco
perdido nos mares,
sinto tanta saudade.

DECLARAÇÃO

Eu declaro ser eterno;

Declaro ser sempre verdadeiro
o amor que sinto por você;

Eu declaro viver intensamente
esse amor e nossa paixão;

Eu declaro ser amante
do perfume que exala nosso amor;

Eu declaro que te amo.

FELIZ ANIVERSÁRIO

Não sou merecedor
desta sombra que me protege,
talvez eu sinta mais frio
do que o calor que me ofereces
e por eu estar assim, tão distante,
num lugar que outrora
meus braços te serviriam
para acalentar com sua presença radiante,
murmurando canções de amor
como outrora fizestes;
juntos celebrando nossa paixão
poderíamos na mais completa felicidade,
eu sei, que ainda assim não seria o bastante,
mais preciso ao menos dizer,
feliz aniversário!

SENTIR

Sentir seu cheiro,
o aroma mais doce
que toma conta de mim
e me leva além do horizonte,
além das nuvens,
e me deixa alucinado
louco e apaixonado,
sem medo de ir bem fundo
nesse nosso amor.

MEXE COMIGO

Seus olhos brilham,
me seguem por onde vou,
direciona e me guia
todos os dias, horas, minutos,
e assim eu vivo,
essa é a minha vida;
a vontade de estar com você
me deixa cheio de saudade
e o que mais quero é
um beijo seu.

Você mexe comigo,
seu sorriso,
seu carinho,
é tudo tão bom
e é por isso que te amo.

VONTADE DE GRITAR

Pensei em escrever
talvez uma música,
talvez uma poesia,
um poema,
mas não consigo,
são tantas palavras lindas,
tanta emoção que brota
no meu coração,
vontade de gritar,
chorar,
alegria sem fim,
nem sei como escrever o que sinto
mas o que eu tenho certeza
é a vontade que tenho
de te beijar,
essa sensação
é o que me dá vida,
vontade de viver cada vez mais
ao seu lado,
te amando.

SEMPRE APAIXONADO

Eu sou o homem
que chora de alegria e felicidade
por uma mulher que fez minha cabeça
e mora em meu coração.

Outro dia eu quis
contar pra mim mesmo
essa nossa história,
não consegui,
meus olhos se encheram de lágrimas
e não eram de sofrimento
mas sim de vontade de tê-la junto a mim.

Já faz muito tempo
que eu penso em você,
meu anjo, loira
você é minha razão de viver,
penso em te dizer a toda hora
o quanto eu te amo.

Tem horas que eu não consigo
nem mesmo controlar meu coração;
vontade louca de te fazer a mulher
mais feliz desse mundo.

E assim eu vivo minha vida,
sempre apaixonado.

CORAÇÃO APAIXONADO

Coração apaixonado
cheio de malícia e vontade,
saudade de você,
do seu cheiro,
de te amar,
dos seus olhos verdes
que enchem de luz minha vida
e me permite voar
e encontrar você.

NOSSOS OLHOS

Fico tão feliz
quando escuto sua voz,
quando nossos olhos brilham
um de encontro ao outro
e quando o sentimento
de nossos corações
transforma todo nosso corpo
em puro amor.

UMA SENSAÇÃO

Todas as vezes
que eu penso em ti,
sinto cada vez mais
meu coração bater mais forte,
minha alma sendo invadida
por uma sensação gostosa
e meus pensamentos se perderem,
sempre e sempre por sentir
saudades de você.

Santiago, Chile
2008

UNA POESIA

Escribir una poesía en Español,
declarar el sentimiento al mar,
buscar y vivir lo bueno,
entender el hechizo que surge
aunque no pueda ver;
hay algo que me hace pecar
y también me hace vivir.

Tradução do Espanhol:

Escrever uma poesia em Espanhol,
declarar o sentimento ao mar,
buscar e viver o bom,
entender o feitiço que nasce
mesmo que eu não possa ver;
há algo que me faz pecar
e também me faz viver.

NUMA PALAVRA

Muitas
palavras,
saudades,
sorrisos
alegrias...
no fundo...
na verdade...
eu junto
tudo
numa só frase,
numa só palavra,
para dizer
o que o meu coração sente:
amor.

LEMBRANÇAS

O retrato que guarda as lembranças[3]
é mais simples que qualquer moldura
pois registra uma vida inteira,
e assim quando as fotos se apagam
as lembranças ficam para quem as viveu
emolduradas na memória aquela doçura,
mas o retrato, esse desaparece na eternidade.

---

[3] *Homenagem aos meus avós que deixaram lembranças eternas e que ficarão guardadas num retrato emoldurado na minha memória.*

SABOR A MEL

Sabedoria com sabor a mel
e a doçura de um dia
sem mais nada igual,
com palavras em época
de poesía sentimental.

Sentimento de poeta
que nasce noite e dia
tudo sempre bem visceral
e a doçura nunca tardia
aparece ao riscar a caneta no papel.

SANTIAGO

Nos finais de tarde
a luz do sol entra pela janela,
e ao olhar para o horizonte
vejo a imagem dela
singela e sem alarde
é a linda Santiago[4]
cidade mais que bela
inspiração que surge aos montes;

Suas montanhas
suas cores
seus tremores;

Cidade grande
com alma de cidadela,
no coração eu trago
e falo sem cautela
enquanto aqui divago
não preciso de tramela.

---

[4] Santiago é a capital do Chile.

PELA TRILHA

Uma luz que longe brilha
anunciando que lá vem vindo
um casal caminhando
apaixonados e sorrindo
pela trilha conversando.

Homenagem
Trago em homenagem ao meu pai, duas poesias escritas por ele.

"VIDA MILITAR"

"Sempre pensava em viver minha vida
Sempre civil como eu queria
Foi muito engano eu fui alistado
Neste exército de infantaria

Apresentei-me como voluntário
Para cumprir minha obrigação
E escalado para 2° CIA[5]
Que é a melhor deste batalhão

Se algum dia surgir guerra
Lutamos certa para nos combater
Mostramos o peito gritamos bem forte
Somos soldados de nosso "E.B."[6]

Sei que esta luta não é brincadeira
Mas este tempo tenho que vencer
Esperando a primeira baixa
Para de novo minha vida viver."

Vida Militar foir escrita por Valtuir Carvalho de Oliveira, quando ele ainda cumpria o serviço militar.

[5] 2ª CIA é um Batalhão de Infantaria Motorizado do Exército Brasileiro (41°B I Mtz).

[6] E.B. significa Exército Brasileiro.

"CAMINHONEIRO"

"Sou um bom caminhoneiro
O meu bruto é o ganha pão,
Gosto muito das estradas
Tenho amor a profissão;

Quando saio de viagem
Dou um beijo em minha amada
Dou um abraço em meus filhinhos
Vou cumprir minha jornada;

Ando quase o dia inteiro
Prestando muita atenção
Talvez até rezando
Para não quebrar o caminhão;

E quando chega a tarde
O sol se esconde atrás dos montes
Logo vem a noite
Apagando os raios no horizonte;

A escuridão já se avança
E o silêncio me domina
Sigo-me com segurança
Tenho o farol que me ilumina;

Sou poeta caminhoneiro
Trabalho por amor e dinheiro
Semeio progresso
Dou ao Brasil o sucesso."

Caminhoneiro, foi escrita por Valtuir Carvalho de Oliveira, e retrata sua profissão, suas jornadas e também a sua alma poética.

SOBRE O AUTOR

Fábio Augusto de Carvalho é natural de Jataí, Goiás. Escreveu suas primeiras poesias aos 12 anos de idade, quando também começou a participar de concursos e recitais de poesias. Em 1995 obteve menção honrosa com poesia em comemoração ao centenário da sua cidade natal. Formou-se em Gestão da Tecnologia da Informação pela Pontifícia Universidade Católica de Campinas, especializou-se em Gestão do Conhecimento e Capital Intelectual pela Universidade do Chile, e obteve seu MBA pela FGV – Fundação Getúlio Vargas, Rio de Janeiro. Especialista em consultoria de negócios e gestão de pessoas atuou em vários países. Fez carreira internacional como executivo, gestor e consultor em multinacionais da indústria de tecnologia da informação e telecomunicações. Em 2009 recebeu o reconhecimento de *Ex-Aluno Destacado* em Educação Executiva pelo departamento de Sistemas de Informação e Controle de Gestão da Universidade do Chile. É também um estudioso das ciências metafísicas e de sincronicidade, e especialista em Hipnose e Programação Neurolinguística, e estratégias de aceleração e otimização da aprendizagem.

Contatos como o autor:

 http://facebook.com/fabiocarvalho.me

 http://twitter.com/fabioac

 http://www.fabiocarvalho.me/conversa

 http://www.fabiocarvalho.me/pt

www.ingramcontent.com/pod-product-compliance
Lightning Source LLC
Chambersburg PA
CBHW031419290426
44110CB00011B/445